Collecti

Jean
et Pie

Michel Tournier est né en 1924, d'un père gascon et d'une mère bourguignonne, universitaires et germanistes. Il vit dans un vieux presbytère de la vallée de Chevreuse mais aime beaucoup voyager. Très tôt, il s'est orienté vers la photographie et a produit une émission de télévision «Chambre noire» consacrée aux photographes.

Il a publié son premier roman en 1967, *Vendredi ou les limbes du Pacifique* d'après lequel il a écrit par la suite *Vendredi ou la vie sauvage* — publié dans la collection Folio Junior.

Auteur de plusieurs romans, il est, depuis 1972, membre de l'Académie Goncourt.

Auteur de la couverture et des illustrations de *L'aire du Muguet* de Michel Tournier, **Georges Lemoine** dessine, illustre des livres destinés aux enfants. Pour Folio Junior : *La Maison qui s'envole,* de Claude Roy, *L'Anniversaire de l'infante,* de Oscar Wilde, *L'Algérie ou la Mort des autres,* de Virginie Buisson, *Celui qui n'avait jamais vu la mer* et *la Montagne du dieu vivant* de J.M.G. Le Clézio ; dans d'autres collections des textes de Andersen, Henri Bosco, Marguerite Yourcenar, Michel Tournier.

À propos des illustrations de ce livre il dit : « Par souci d'authenticité, j'ai éprouvé le désir d'aller "à la rencontre de l'auteur", sur les autoroutes. J'ai cru ainsi comprendre ses intentions : les traduire et les vivre avec intensité. »

Michel Tournier

L'aire du Muguet

Illustrations de Georges Lemoine

Gallimard

Préface

Vous connaissez l'histoire de Caïn et d'Abel ? C'étaient les deux fils aînés d'Adam et Eve. En somme les numéros 3 et 4 de l'humanité. Ils avaient des caractères et des métiers totalement différents. Caïn n'aimait rien tant que rester chez lui et s'occuper de sa maison et de son jardin. Naturellement il était agriculteur. Abel au contraire ne tenait pas en place. Toute l'année il courait derrière ses troupeaux de moutons et de chèvres, et il couchait sous des tentes avec les siens. Or remarquez bien ceci : pour une raison qu'on ignore, Dieu préférait Abel. Oui, le Grand Patron, le Chef suprême avait d'autorité pris le parti du nomade contre le sédentaire. Pourquoi ? Encore une fois on ne sait pas, mais il faut s'en souvenir pour comprendre toute l'histoire humaine et même notre propre temps. Mais continuons.

Un jour les troupeaux d'Abel envahirent les champs et les vergers de Caïn et les saccagèrent. Evidemment, pour une chèvre et un mouton brouter des champs de blé ou croquer des fruits, c'est tout de même plus agréable que de glaner des chardons et des cactus dans le désert. Il y eut une discussion entre les deux frères, d'autant plus violente que ce n'était pas la première fois que la chose se produisait. Finalement, ils en vinrent aux mains. Qu'arriva-t-il exactement ? Certains disent qu'Abel tomba à la renverse et que sa tête heurta une pierre. D'autres que Caïn fendit le crâne de son frère d'un coup de bêche. Toujours est-il qu'Abel mourut. Aussitôt la colère de Dieu accabla le pauvre Caïn. Le fratricide fut condamné. À quoi ? À ce qu'il y avait de pire pour lui : à devenir nomade à son tour. Il fallut qu'il abandonne tout et s'en aille à travers le désert avec sa famille. Rassurez-vous, cela ne dura pas. Bientôt il se fixa à nouveau. Mais ce ne fut pas pour créer une nouvelle exploitation agricole ouverte à tout-venant. Non, Caïn avait compris. Cette fois il construisit une ville, une vraie ville avec des murailles et un pont-levis, bref un refuge à l'abri des incursions des nomades. Ce fut la première ville de l'histoire humaine, elle s'appela Hénoch, du nom du fils aîné de Caïn.

Cette guerre entre nomades et sédentaires n'a plus cessé depuis. Et toujours inexplicablement on a vu le pouvoir prendre le parti des nomades. Par exemple dans le Sahara, vivaient, il y a encore un siècle, des Noirs qui travaillaient dans les oasis. C'étaient des esclaves, et leurs fruits ne leur étaient pas destinés. Les propriétaires aussi bien des oasis que des sédentaires, c'étaient des nomades, les Touaregs. Des vrais seigneurs, ceux-là, à vrai dire des bandits dont toute la vie consistait à enlever des femmes et des enfants noirs dans le sud pour les revendre dans le nord ou les garder comme esclaves. Il faut ajouter qu'ils ont eu leur revanche grâce aux Français, les esclaves noirs des oasis. Quand les Français ont colonisé le Sahara, ils ont décidé de créer des écoles pour tous les enfants. Seulement il était presque impossible de scolariser les enfants des seigneurs nomades. J'ai bien connu un instituteur qui avait essayé. Il se promenait en chameau avec un tableau noir et des livres. Une vraie gageure. Au contraire, les enfants noirs des oasis pouvaient aller à l'école. Le résultat, c'est que les nomades sont restés des chameliers illettrés, tandis que les sédentaires administrent le pays et forment les cadres de la nation.

En Europe au Moyen Age, le schéma est le même. Les nobles étaient chevaliers. Cela veut dire que leur symbole était le cheval, instrument de déplacement et de voyage. Et, en effet, ils passaient leur temps à la chasse, à la guerre ou aux croisades. Les paysans s'appelaient des *manants*, du latin *manere*, rester, ne pas bouger. Car ils étaient attachés à la terre. Ils n'avaient pas le droit de s'en aller. Leur statut ressemblait fort à celui des esclaves. Et les chevaliers ne se contentaient pas de lever des impôts sur les paysans. Ils avaient également le

11

droit de saccager les champs des manants en les traversant avec leurs chevaux quand, par exemple, la chasse l'exigeait. Encore Caïn et Abel !

Sans doute avez-vous vu de nombreux films de western ? Il y en a plusieurs dont le thème est le suivant : des cow-boys poussent devant eux d'immenses troupeaux de vaches à travers la grande prairie américaine. Et puis, un jour, les vaches tombent, parce qu'elles se sont pris les pattes dans des barbelés. C'est qu'un cultivateur s'est installé là, et il veut protéger ses cultures contre les troupeaux des cow-boys. À nouveau Caïn et Abel, mais cette fois, c'est à la carabine et au revolver qu'ils s'affrontent !

Et aujourd'hui ? Aujourd'hui, ça continue. Prenons l'exemple des villes. Il y a dans une ville deux fonctions principales. D'abord l'habitation. Une ville est faite pour être habitée, et elle appartient d'abord à ses habitants. Ensuite la circulation, car il faut bien qu'on se déplace aussi. Mais une fois de plus, on voit le pouvoir prendre parti aveuglément en faveur de la fonction nomade contre la fonction sédentaire : on rogne les trottoirs, on rase les arbres, on supprime les fontaines, les pissotières, les colonnes Morris, les marchés. On interdit les marchands des quatre-saisons avec leurs petites carrioles. Pourquoi ? Parce que ça gêne la circulation ! On fait des villes de plus en plus « circulables », et on ne se soucie pas qu'elles deviennent en même temps de moins en moins habitables.

À la campagne, c'est la même chose. J'habite un petit village dans la vallée de Chevreuse. La plaie de la région, c'est l'aéroport de Toussus-le-Noble, un club pour milliardaires qui ont les moyens de s'amuser avec de petits avions. Le samedi et le dimanche quand il fait beau, pas question de pouvoir s'installer dans le jardin. Le ciel est un enfer de vrombissements et de pétarades. Les petits avions font des voltes et des piqués sur les toits des maisons. Un jour, un avion semait la panique dans un élevage de poussins de faisans. Le gardien, exaspéré, a tiré deux coups de fusil en direction de l'avion, bien entendu sans l'atteindre. Il y a eu un procès. C'est le gardien qui a été condamné ! Comme du temps de Caïn et d'Abel, des Touaregs et des chevaliers, le pouvoir est toujours du côté des nomades. Aujourd'hui, notre gouvernement socialiste verse des subventions à la poignée d'oisifs de Toussus-le-Noble pour qu'ils continuent à empoisonner l'existence de toute une population.

L'histoire que raconte *L'Aire du Muguet* m'a été inspirée par une souffrance que j'éprouve chaque fois que je descends dans le Midi. Vous avez peut-être remarqué à environ 350 kilomètres de Paris, en pleine Bourgogne, un lieu qui s'appelle le *col de Bessey-en-Chaumes*. C'est le point le plus élevé en altitude de toute l'autoroute du Sud. C'est là que j'ai passé mon enfance. Mon grand-père était pharmacien d'un village voisin qui s'appelle Bligny-sur-Ouche.

Bessey-en-Chaumes était un village admirable perdu dans les bois et les hauteurs. Un jour, on a construit l'autoroute. Tout le paysage en a été démoli. Pour moi, c'est comme si j'avais vu donner un coup de hache dans la figure de ma mère. Alors j'ai écrit cette histoire, celle de deux chauffeurs de poids lourd : un petit vieux, plein d'expérience et assez méfiant, mélancolique et pessimiste, Gaston ; et son copain, Pierre, très jeune, costaud mais pas trop malin. Pour écrire cette histoire, j'ai fait le voyage Paris-Lyon de nuit sur une semi-remorque qui transportait une cargaison de beurre *Elle & Vire*. J'ai appris ainsi bien des choses sur le métier de routier. Beaucoup travaillent pour leur propre compte. Ils ont acheté leur véhicule à leur nom, et bien sûr à crédit. Alors pour payer les traites, ils s'imposent un rythme de travail infernal. Jusqu'à 18 heures de volant d'affilée ! Voyez-vous, quand on est son propre patron, eh bien c'est souvent un patron très dur, impitoyable et rien ne lui échappe !

Pour en revenir à mon voyage, je ne suis pas près de l'oublier ! D'abord parce que la remorque n'arrête pas de donner des à-coups au tracteur, de telle sorte que votre siège est sans cesse animé d'un mouvement avant-arrière, comme un tamis. Toute une nuit, c'est mortel ! Ensuite, parce que le chauffeur a peur de s'endormir. Alors il ouvre les fenêtres (c'était en hiver) et il met sa radio à toute puissance — et croyez-moi, il ne choisit pas *France-Musique* ! Le tamis, le froid et la mauvaise musique, huit heures durant... Et derrière tout cela, le coup de hache dans un paysage bien-aimé. Voilà, cher lecteur, ce que j'ai payé avant d'écrire *L'Aire du Muguet*.

Michel TOURNIER

— Pierre, lève-toi, c'est l'heure !

Pierre dort avec le calme obstiné de ses vingt ans et sa confiance aveugle en la vigilance de sa mère. Elle ne risque pas de laisser passer l'heure, sa vieille, insomniaque et nerveuse comme elle est. Il se retourne d'un bloc contre le mur, retranchant son sommeil derrière son dos puissant et sa nuque rasée. Elle le regarde en pensant aux petits matins si proches où elle le réveillait déjà pour l'envoyer à l'école du village. Il a l'air de s'être rendormi profondément, mais elle n'insiste pas. Elle sait que pour lui la nuit est terminée, la journée a commencé et va désormais dérouler inexorablement son programme.

Un quart d'heure plus tard, il la rejoint à la cuisine et elle lui verse un épais chocolat dans un grand bol fleuri. Il regarde devant lui le rectangle sombre de la fenêtre.

— Il fait noir, dit-il, mais tout de même les jours augmentent. Dans moins d'une heure, je pourrai éteindre les phares.

Elle paraît rêver, elle qui n'a pas quitté Boullay-les-Troux depuis quinze ans.

— Oui, le printemps est à la porte. Là-bas dans le Midi, tu vas peut-être trouver les abricotiers en fleur.

— Oh tu sais, le Midi ! À cette heure, on ne descend pas plus loin que Lyon. Et puis des abricotiers sur l'autoroute... Quand même il y en aurait, on n'aurait guère le temps de les regarder.

Il se lève et par pur respect pour sa mère — car selon la tradition paysanne un homme ne fait pas la vaisselle — il rince son bol sous le robinet de l'évier.

— Je te revois quand ?

— Comme d'habitude, après-demain soir. Un aller-retour Lyon avec dodo dans le bahut en compagnie de l'ami Gaston.

— Comme d'habitude, murmure-t-elle pour elle seule. Moi je ne m'habitue pas. Enfin puisque tu as l'air d'aimer ça...

Il hausse les épaules.

— Faut bien !

L'ombre monumentale du semi-remorque se détachait sur l'horizon que l'aube blanchissait. Pierre en fit lentement le tour. Chaque matin, c'était pareil, ses retrouvailles après la nuit avec son énorme joujou lui faisaient chaud au cœur. Il ne l'aurait jamais avoué à sa vieille, mais au fond il aurait préféré y faire son lit et y dormir. On avait beau tout verrouiller, le bahut était si mal défendu dans sa démesure contre les agressions de toute sorte, chocs, démontages, vols à la roulotte ! Le vol du véhicule lui-même avec tout son fret n'était pas impossible, cela s'était vu malgré l'invraisemblance.

Cette fois encore pourtant tout paraissait en ordre, mais il faudrait procéder au plus tôt à un lavage. Pierre appuya une petite échelle à la calandre et entreprit de rincer le vaste pare-brise bombé. Le pare-brise, c'est la conscience du véhicule. Tout le reste peut à la rigueur rester boueux et poussiéreux, le pare-brise, lui, doit être rigoureusement impeccable.

Ensuite il s'agenouilla presque religieusement devant les phares pour les essuyer. Il souffle sur les verres et y passe un chiffon blanc avec le soin et la tendresse d'une mère débarbouillant le visage de son enfant. Puis la petite échelle ayant repris sa place contre les ridelles, il escalade la cabine, se jette sur le siège et appuie sur le démarreur.

À Boulogne-Billancourt, quai du Point-du-Jour, à l'angle de la rue de Seine, se dresse un vieil immeuble à la silhouette déhanchée, dont la vétusté contraste avec le café-tabac du rez-de-chaussée qui flambe de son néon, de son nickel et de ses flippers multicolores. Gaston habite seul une chambrette au sixième étage. Mais il se tient fin prêt devant le bistrot, et le semi s'arrête à peine pour le cueillir.

— Ça va, petit père ?

— Ça va.

C'est réglé comme du papier à musique.

Gaston observe une pause rituelle de trois minutes. Puis il entreprend le déballage du sac de voyage qu'il a hissé sur la banquette entre Pierre et lui, et il répartit autour d'eux thermos, frigos, musettes, gamelles et trousses avec une célérité qui trahit une routine rodée depuis longtemps. Gaston est un petit homme fluet plus très jeune, au visage attentif et calme. On le sent dominé par la sagesse pessimiste d'un faible habitué depuis l'enfance à se parer des coups d'un monde qu'il sait de vieille expérience foncièrement hostile. Ses rangements terminés, il enchaîne avec une séance de déshabillage. Il échange ses chaussures contre des charentaises de feutre, son veston contre un gros pull à col roulé, son béret basque contre un passe-montagne, et il entreprend même de se déculotter, opération délicate, car la place est exiguë et le sol mouvant.

Pierre n'a pas besoin de le regarder pour voir son manège. Les yeux fixés sur le dédale de rues encombrées qui mènent au périphérique, il ne perd rien du remue-ménage familier qui a lieu à sa droite.

— En somme, t'es à peine habillé pour descendre que tu te redéshabilles quand t'es embarqué, commente-t-il.

Gaston ne daigne pas répondre.

— Je me demande pourquoi tu descends pas de chez toi en liquette de nuit. Comme ça tu ferais d'une pierre deux coups, non ?

Gaston s'est assis sur le dossier de son siège.

Profitant d'un démarrage du véhicule à un feu vert, il se laisse doucement basculer dans la couchette ménagée derrière les sièges. On entend une dernière fois sa voix.

— Quand t'auras des questions intelligentes à poser, tu me réveilleras.

Cinq minutes plus tard le semi dévalait la rocade du périphérique déjà passablement chargé à cette heure matinale. Pour Pierre, ce n'était encore qu'un médiocre préliminaire. Tout ce flot de véhicules charriant des camionnettes, des voitures de bourgeois, des cars de travailleurs noyait indistinctement les vrais autoroutiers. Il fallait attendre le filtrage assuré par les sorties de Rungis, Orly, Longjumeau et Corbeil-Essonnes ainsi que la voie dérivée vers Fontainebleau pour aborder enfin avec le péage de Fleury-Mérogis le seuil du grand ruban de béton.

Lorsqu'il s'arrêta plus tard derrière quatre autres poids lourds qui franchissaient le guichet, il était doublement heureux. Non seulement c'était lui qui conduisait, mais Gaston endormi ne lui ferait pas manquer son entrée en A 6. Il tendit gravement sa carte au préposé, la reprit et embraya pour s'élancer sur la voie lisse et blanche qui glissait vers le cœur de la France.

Ayant fait le plein à la station-service de Joigny — cela aussi, c'était rituel — il reprit sa vitesse de croisière jusqu'à la sortie de Pouilly-en-Auxois, puis ralentit et s'engagea sur l'aire du Muguet pour le casse-croûte de huit heures. À peine le véhicule s'était-il arrêté sous les hêtres du petit bois que Gaston surgissait de derrière les sièges et commençait à rassembler les éléments de son petit déjeuner. Cela aussi, c'était immuablement réglé.

Pierre sauta à terre. Moulé dans un survêtement de nylon bleu, chaussé de mocassins, il avait l'air d'un sportif à l'entraînement. Aussi bien il esquissa quelques mouvements de gymnastique, boxa avec le vide en sautillant et s'éloigna dans une foulée impeccable. Quand il revint à son point de départ échauffé et soufflant, Gaston achevait de se mettre en « tenue de jour ». Puis, posément, il disposa sur l'une des tables de l'aire un vrai petit déjeuner de bourgeois avec café, lait chaud, croissants, beurre, confiture et miel.

— Ce que j'apprécie chez toi, observa Pierre, c'est ton sens du confort. On dirait toujours que tu traînes derrière toi tantôt l'appartement de ta mère, tantôt un bout d'hôtel trois étoiles.

— Y a un âge pour tout, répondit Gaston en faisant couler un filet de miel dans le flanc entrouvert d'un croissant. Pendant trente ans, le matin avant le boulot, j'ai été au régime du petit vin blanc sec. Vin blanc des Charentes et rien d'autre. Jusqu'au jour où je me suis rendu compte que j'avais un estomac et des reins. Alors c'est terminé. Plus d'alcool, plus de tabac. Café au lait complet pour Monsieur ! Avec

25

toast grillé et marmelade d'orange. Comme une mémé au *Claridge*. Et même je vais te dire une bonne chose...

Il s'interrompit pour mordre dans son croissant. Pierre s'installa à côté de lui.

— Alors cette bonne chose, ça vient ?

— Eh bien, je me demande si je ne vais pas renoncer au café au lait qu'est pas si facile que ça à digérer pour me mettre au thé au citron. Parce que ça alors, le thé au citron, c'est le fin du fin !

— Mais alors, pendant que tu y es, pourquoi pas les œufs au bacon, comme les Angliches ?

— Ah non ! Surtout pas ! Pas de salé au petit déjeuner ! Non, tu vois, le petit déjeuner, ça doit rester... comment t'expliquer ? Ça doit rester gentil, non, affectueux, non, maternel. C'est ça, maternel ! Le petit déjeuner ça doit vous faire un peu retomber en enfance. Parce que la journée qui commence, c'est pas tellement drôle. Alors il faut quelque chose de doux et de rassurant pour bien se réveiller. Donc du chaud et du sucré, y a pas à sortir de là.

— Et ta ceinture de flanelle ?

— Et ben voilà ! Ça aussi c'est maternel ! Tu vois le rapport ou t'as dit ça par hasard ?

— Je vois pas, non.

— Les langes de bébé ! Ma ceinture de flanelle, c'est un retour aux langes.

— Tu te fous de moi ? Et le biberon, alors, c'est pour quand ?

— Mon petit père, regarde-moi et prends-en

de la graine. Parce que j'ai au moins un avantage sur toi. J'ai eu ton âge et personne, pas même le bon Dieu, peut m'enlever ça. Tandis que toi, tu peux absolument pas être sûr d'avoir un jour le mien.

— Moi je te dirai que ces histoires d'âge, ça me laisse plutôt froid. Je crois qu'on est con ou malin une fois pour toutes et pour la vie.

— Oui et non. Parce que tout de même y a des degrés dans la connerie, et je crois qu'il y a un âge privilégié pour la connerie. Ensuite, ça s'arrangerait plutôt.

— Et selon toi, l'âge privilégié, comme tu dis, c'est quel âge ?

— Ça dépend des gars.

— Pour moi par exemple, ça serait pas vingt et un ans ?

— Pourquoi justement vingt et un ans ?

— Parce que j'ai justement vingt et un ans.

Gaston le regarda ironiquement en sirotant son café.

— Depuis le temps qu'on roule ensemble, oui, je t'observe et je cherche la connerie.

— Et tu la trouves pas, parce que je fume pas et parce que j'aime pas les petits blancs secs.

— Oui, mais tu vois il faut distinguer les grosses et les petites conneries. Le tabac et le blanc sec, c'est des petites conneries. Ça peut vous enterrer, mais seulement à la longue.

— Tandis que les grosses conneries, ça vous enterre d'un seul coup ?

— C'est ça, oui. Moi quand j'avais ton âge,

27

non, j'étais plus jeune que ça, je devais avoir dix-huit ans, je me suis lancé dans la Résistance.

— C'était une grosse connerie ?

— Énorme ! J'étais complètement inconscient du danger. Évidemment j'ai eu du pot. Mais mon meilleur copain qu'était avec moi, il y est resté. Arrêté, déporté, disparu. Pourquoi ? Ça a servi à quoi ? Ça fait trente ans que je me le demande.

— De ce côté-là, moi, je risque plus rien, observa Pierre.

— Plus rien, non, pas de ce côté-là.

— Ça fait que la grosse connerie chez moi, tu continues à la chercher et tu l'as pas encore trouvée ?

— Je l'ai pas encore trouvée, non. Je l'ai pas encore trouvée mais je la subodore...

Deux jours plus tard, le semi de Pierre et de Gaston se présentait à nouveau et à la même heure matinale au péage de Fleury-Mérogis. Cette fois, c'était Gaston qui tenait le manche à balai, et Pierre, assis à sa droite, se sentait comme toujours légèrement frustré de commencer la journée dans ce rôle de second. Pour rien au monde il n'aurait extériorisé un sentiment aussi déraisonnable qu'il s'avouait d'ailleurs à peine à lui-même, mais son humeur s'en trouvait légèrement aigrie.

— Salut Bébert ! T'es encore de service aujourd'hui ?

Ce besoin qu'avait Gaston de fraterniser

28

avec cette race à part, un peu mystérieuse, un peu méprisable des préposés au péage ! Aux yeux de Pierre, l'entrée officielle sur l'autoroute revêtait une valeur de cérémonie que d'inutiles bavardages ne devaient pas troubler.

— Ben oui, expliqua l'employé. J'ai permuté avec Tiénot qu'est au mariage à sa sœur.

— Ah bon, conclut Gaston, alors on te verra pas vendredi ?

— Ben non, ça sera Tiénot.

— Alors à la semaine prochaine.

— D'accord, bonne route !

Gaston passa la carte de péage à Pierre. Le véhicule s'engagea sur l'autoroute. Gaston passait successivement les vitesses en père tranquille, sans coups d'accélérateur intempestifs. On s'installa dans l'euphorie que donnaient le régime de croisière de l'énorme véhicule et l'aube d'une journée qui promettait d'être superbe. Pierre, carré dans son siège, manipulait la carte de péage.

— Tu vois, ces gars qui font les guichets, moi je les comprends pas. Y z'en sont et y z'en sont pas.

Gaston le voyait partir dans une de ces élucubrations où il refusait de le suivre.

— Y z'en sont, y z'en sont, y z'en sont quoi ?

— Ben de l'autoroute ! Y restent à la porte, quoi ! Et pis le soir, service terminé, y reprennent la motobécane pour retourner à la ferme. Ben et l'autoroute, alors ?

— Quoi, l'autoroute ? s'énerva Gaston.

— Ah zut, fais un effort, quoi ! Tu sens pas, quand tu franchis le guichet d'entrée, quand t'as la carte de péage en main, tu sens pas qu'il s'est passé quelque chose ? Ensuite tu fonces sur la ligne droite en béton, c'est raide, c'est propre, c'est rapide, ça fait pas de cadeau. T'as changé de monde. T'es dans du nouveau. C'est l'autoroute, quoi ! T'es de l'autoroute !

Gaston s'obstinait dans son incompréhension.

— Non, pour moi l'autoroute c'est le boulot, un point c'est tout. Je te dirai même que je trouve ça un peu monotone. Surtout sur un bahut comme le nôtre. Ah quand j'étais jeune, ça m'aurait bien plu de filer là-dessus à deux cents bornes avec une Maserati. Mais pour faire teuf-teuf avec quarante tonnes au cul, je trouve les nationales plus rigolotes avec leurs passages à niveau et leurs petits bistrots.

— D'accord, concéda Pierre, la Maserati et les deux cents bornes. Et ça, et ben moi qui te parle, je l'ai déjà fait.

— Toi, tu l'as fait ? T'as fait du deux cents sur l'autoroute avec une Maserati ?

— Ah bien sûr, c'était pas une Maserati. C'était une vieille Chrysler, tu sais celle de Bernard qu'il avait gonflée ? On est monté à cent quatre-vingts sur l'autoroute.

— C'est déjà plus tout à fait pareil.

— Ah tu vas pas chipoter pour vingt bornes !

— Je chipote pas, je dis : c'est pas pareil.

— Bon, et moi je te dis : je préfère encore notre bahut.

— Explique.

— Parce que dans la Maserati...

— Dans la Chrysler gonflée...

— C'est pareil, t'es enfoncé par terre. Tu domines pas. Tandis que notre engin, il est haut, tu domines.

— Et toi, t'as besoin de dominer ?

— Moi, j'aime l'autoroute. Alors je veux voir. Tiens, regarde un peu cette ligne qui fout le camp à l'horizon ! C'est chouette, non ? Tu vois pas ça quand t'es à plat ventre par terre.

Gaston secoua la tête avec indulgence.

— Au fond, tu sais, tu devrais piloter des avions. Alors là, pour dominer, tu dominerais !

Pierre était indigné.

— T'as rien compris, ou alors tu me cherches ! L'avion, c'est pas ça. C'est trop haut. L'autoroute, faut y être. Faut en être. Faut pas en sortir.

Ce matin-là l'aire du Muguet avait des couleurs si riantes sous le jeune soleil que l'autoroute pouvait paraître en comparaison un enfer de bruit et de béton. Gaston avait entrepris de faire le ménage dans la cabine et avait déployé toute une panoplie de chiffons, plumeaux, balayettes et produits d'entretien sous l'œil ironique de Pierre qui était sorti pour se dégourdir les jambes.

— J'ai calculé que cette cabine, c'est l'endroit où je passe le plus d'heures de ma vie. Alors autant que ça soit propre, expliqua-t-il comme se parlant à lui-même.

Pierre s'éloigna, attiré par l'atmosphère de fraîcheur vivante du petit bois. Plus il s'avançait sous les arbres bourgeonnants, plus le grondement de la circulation s'affaiblissait. Il se sentait envahi par une émotion étrange, inconnue, un attendrissement de tout son être qu'il n'avait jamais éprouvé, si ce n'était peut-être il y avait bien des années en s'approchant pour la première fois du berceau de sa petite sœur. Le feuillage tendre bruissait de chants d'oiseaux et de vols d'insectes. Il respira à pleins poumons, comme s'il se retrouvait enfin à l'air libre après un long tunnel asphyxiant.

Soudain, il s'arrête. A quelque distance, il aperçoit un tableau charmant. Une jeune fille blonde en robe rose assise dans l'herbe. Elle ne le voit pas. Elle n'a d'yeux que pour trois ou quatre vaches qui divaguent paisiblement dans le pré. Pierre éprouve le besoin de la voir mieux, de lui parler. Il avance encore. Tout à coup il est arrêté. Une clôture se dresse devant son nez. Un grillage rébarbatif, carcéral, presque concentrationnaire avec son sommet arrondi en encorbellement hérissé de fils d'acier barbelés. Pierre appartient à l'autoroute. Une aire de repos n'est pas un lieu d'évasion. La rumeur lointaine de la circulation

33

se rappelle à lui. Il reste pourtant comme méduse, les doigts accrochés dans le grillage, les yeux fixés sur la tache blonde là-bas, au pied du vieux mûrier. Enfin un signal bien connu lui parvient, l'avertisseur du véhicule. Gaston s'impatiente. Il faut revenir. Pierre s'arrache à sa contemplation et revient à la réalité, au semi-remorque, à l'autoroute.

C'est Gaston qui conduit. Il est encore tout à son ménage à fond, Gaston.

— C'est quand même plus propre maintenant, constate-t-il avec satisfaction.

Pierre ne dit rien. Pierre n'est pas là. Il est resté accroché au grillage qui limite l'aire du Muguet. Il est heureux. Il sourit aux anges qui planent invisibles et présents dans le ciel pur.

— T'es bien silencieux d'un coup. Tu dis rien ? finit par s'étonner Gaston.

— Moi ? Non. Qu'est-ce que tu veux que je dise ?

— Je sais pas, moi.

Pierre se secoue, tente de reprendre pied dans le réel.

— Eh bien voilà, finit-il par soupirer, c'est le printemps !

La remorque détachée reposait sur sa béquille. Le tracteur pouvait quitter les entrepôts lyonnais en attendant que le déchargement fût effectué par les manutentionnaires.

— Ce qu'il y a de chouette avec le semi,

apprécia Gaston, qui conduisait, c'est qu'on peut ficher le camp avec la remorque pendant qu'on charge ou qu'on décharge. Ça devient presque alors une bagnole de bourgeois.

— Oui, mais y a des cas où il faudrait avoir chacun son tracteur, objecta Pierre.

— Pourquoi tu dis ça ? Tu voudrais faire bande à part ?

— Non, je dis ça pour toi. Parce qu'on va au self-service à cette heure, et je sais que t'aimes pas trop ça. Avec ta bagnole personnelle tu pourrais aller jusqu'au petit bouchon de la mère Maraude qu'a pas son pareil pour les plats mijotés.

— C'est vrai qu'avec toi, faut toujours bouffer avec un lance-pierres dans un décor de dentiste.

— Le self, c'est rapide et c'est propre. Et puis y a le choix.

Ils prirent la queue en poussant leur plateau sur la glissière bordant l'étal des assiettes garnies. L'air renfrogné de Gaston exprimait pleinement sa réprobation. Pierre choisit une crudité et une grillade, Gaston un pâté de campagne et un gras-double. Il fallut ensuite trouver un bout de table disponible.

— T'as vu cette variété ? triompha Pierre. Et pas une seconde d'attente.

Puis avisant l'assiette de Gaston, il s'étonna.

— Qu'est-ce que c'est que ça ?

— En principe ça devrait être du gras-double, répondit Gaston prudent.

— Normal à Lyon.

— Oui, mais ce qui est pas normal, c'est qu'il va être froid.

— Fallait pas prendre ça, dit Pierre en montrant ses crudités. Risque pas de refroidir.

Gaston haussa les épaules.

— Alors ta fameuse rapidité, elle m'oblige à commencer mon déjeuner par le plat de résistance. Sinon, mon gras-double, il va figer en graisse. Et du gras-double froid, c'est impossible. Im-pos-sible. Retiens bien ça. T'aurais appris que ça avec moi, t'aurais pas perdu ton temps. C'est pour ça que j'aime mieux attendre un peu en buvant un coup avec les copains dans un petit bistrot. La patronne apporte elle-même le plat du jour mijoté, chaud et à point. Voilà pour la vitesse. Quant à la cuisine, vaut mieux pas en parler. Parce que dans les selfs, je sais pas pourquoi, on n'ose pas relever. Par exemple le gras-double, ça suppose oignons, ail, thym, laurier, clous de girofle et beaucoup de poivre. Très chaud et très relevé, le gras-double. Alors goûte-moi ça si on dirait pas des nouilles à l'eau pour régime sans sel !

— Fallait prendre autre chose. T'avais le choix.

— Le choix ? Parlons-en du choix ! Moi, je vais te dire une bonne chose : dans un restaurant, moins il y a le choix, mieux ça vaut. Si on t'offre soixante-quinze plats, tu peux partir, c'est tout mauvais. La bonne cuisinière, elle connaît qu'une seule chose : le plat du jour.

— Allons bois un coup de coca, ça te remettra !

— Du coca avec le gras-double !

— Faudrait s'entendre. Tu m'expliques depuis dix minutes que c'en est pas du gras-double.

Ils mangèrent en silence, chacun suivant le cours de ses pensées. Ce fut finalement Pierre qui exprima sa conclusion.

— Au fond, tu vois, on n'a pas tout à fait la même conception du boulot. Moi je suis nettement A 6. Toi tu serais plutôt resté N 7.

Le beau temps semblait indestructible. Plus que jamais l'aire du Muguet méritait son nom. Gaston s'était couché non loin du véhicule et suçait une herbe tout en regardant le ciel à travers les rameaux délicats d'un tremble. Pierre s'était dirigé rapidement vers le fond de l'aire. Les doigts accrochés au grillage, il scrutait la prairie. Déception. Il y avait bien des vaches, mais point de bergère visible. Il attendit, hésita, puis se décida à pisser à travers le grillage.

— Faut pas vous gêner !

La voix jeune et teintée d'accent bourguignon venait d'un buisson à gauche. Pierre rengaina précipitamment.

— Si y a un grillage, c'est pas pour rien. C'est pour arrêter la saleté de l'autoroute. La pollution, quoi !

Pierre s'efforçait de faire coïncider l'image un peu lointaine et idéalisée qu'il promenait dans sa tête depuis dix jours avec celle bien concrète de la jeune fille qu'il avait devant lui. Il l'avait imaginée plus grande, plus mince, et surtout moins jeune. C'était vraiment une adolescente, un peu rustique de surcroît, sans trace de maquillage sur son museau semé de taches de rousseur. Aussitôt il décida qu'elle lui plaisait encore plus ainsi.

— Vous venez souvent ici ?

C'était tout ce qu'il avait trouvé à lui dire dans son embarras.

— Des fois. Vous aussi, je crois. Je reconnais votre camion.

Il y eut un silence plein de murmures printaniers.

— C'est calme ici, si près de l'autoroute. L'aire du Muguet. Pourquoi ça s'appelle comme ça ? Y a du muguet dans le coin ?

— Y avait, corrigea la jeune fille. C'était un bois. Oui plein de muguet au printemps. Quand on a construit l'autoroute, le bois a disparu. Englouti, avalé par l'autoroute, comme par un tremblement de terre. Alors le muguet, terminé !

Il y eut un nouveau silence. Elle s'assit par terre en s'appuyant de l'épaule contre le grillage.

— Nous on passe deux fois par semaine, expliqua Pierre. Seulement, bien sûr, une fois sur deux, on remonte sur Paris. Alors on se trouve de l'autre côté de l'autoroute. Pour venir ici, faudrait traverser les deux chaussées à pied. C'est dangereux et interdit. Et vous, vous avez une ferme dans le coin ?

— Mes parents, oui. A Lusigny. Lusigny-sur-Ouche. C'est à cinq cents mètres, même pas. Mais mon frère est parti à la ville. Il fait électricien à Beaune. Il veut pas gratter la terre, comme il dit. Alors on sait pas ce que va devenir la ferme quand le père pourra plus.

— Forcément, le progrès, approuva Pierre.

Le vent passa doucement dans les arbres. On entendit l'avertisseur du semi.

— Faut que j'y aille, dit Pierre. A bientôt peut-être.

La jeune fille se leva.

— Au revoir !

Pierre s'élança, mais il revint aussitôt.

— Votre nom, c'est comment ?

— Marinette. Et vous ?

— Pierre.

Peu après, Gaston pensa qu'il y avait quelque chose de changé dans l'esprit de son compagnon. Ne s'inquiétait-il pas des gens mariés tout à coup ?

— Y a des moments, dit-il, je me demande comment ils font les copains mariés. Toute la semaine sur la route. Ensuite, à la maison, forcément on a plutôt envie de dormir. Et bien sûr pas question d'aller faire une balade en voiture. Alors bobonne évidemment, elle doit se sentir négligée.

Puis après un silence :

— Mais toi, t'as été marié dans le temps ?

— Oui, dans le temps, admit Gaston sans enthousiasme.

— Alors ?

— Alors, elle a fait comme moi.

— Quoi comme toi ?

— Eh ben oui quoi, j'étais toujours parti. Elle est partie aussi.

— Seulement toi, tu revenais.

— Elle, elle est pas revenue. Elle s'est mise avec un gars qui fait épicier. Un gars qui bouge pas quoi !

Et après une pause méditative, il conclut par ces mots lourds de menace :

— Au fond l'autoroute et les femmes, tu vois, ça va pas ensemble.

L'usage aurait voulu que Gaston lave le véhicule une fois sur deux. C'est ainsi que les choses se passent dans toutes les équipes de routiers. Mais c'était presque toujours Pierre qui prenait l'initiative d'un lavage, et Gaston se laissait voler son tour avec philosophie. Visiblement ils n'avaient la même esthétique et la même hygiène ni pour eux-mêmes, ni pour leur outil de travail.

Ce jour-là Gaston musardait sur le siège du véhicule tandis que Pierre dirigeait sur la carrosserie un jet d'eau d'une raideur assourdissante qui hachait les rares répliques échangées par la fenêtre ouverte.

— Tu crois pas que t'en as assez mis? demanda Gaston.

— Assez mis quoi?

— De l'huile de bras. Tu te crois dans un institut de beauté?

Pierre sans répondre arrêta le jet et sortit d'un seau une éponge ruisselante.

— Quand on s'est mis en équipe, j'ai bien compris que les poupées, porte-bonheur, décalques et tout ce que les gars accrochent à leur bahut, ça te plaisait pas, reprit Gaston.

— Non, t'as raison, approuva Pierre. Je trouve que ça va pas avec le genre de beauté du véhicule.

— C'est quoi, selon toi, ce genre de beauté?

— C'est une beauté utile, adaptée, fonctionnelle, quoi. Une beauté qui ressemble à l'autoroute. Alors rien qui traîne, qui pendouille, qui sert à rien. Rien pour faire joli.

— Reconnais que j'ai tout de suite tout enlevé, y compris la belle môme aux cuisses nues à Védole qui faisait du patin sur la calandre.

— Celle-là, t'aurais pu la laisser, admit Pierre en reprenant son tuyau.

— Tiens, tiens, s'étonna Gaston. Monsieur devient plus humain? Ça doit être le printemps. Tu devrais peindre des petites fleurs sur la carrosserie.

Pierre entendait mal dans le vacarme du jet fouettant la tôle.

— Quoi sur la carrosserie?

— Je dis: tu devrais peindre des petites

fleurs sur la carrosserie. Du muguet, par exemple.

Le jet se dirigea vers la figure de Gaston qui remonta précipitamment la vitre de sa fenêtre.

Ce même jour eut lieu à l'arrêt traditionnel sur l'aire du Muguet un incident qui inquiéta Gaston plus qu'il ne l'amusa. Pierre, qui le croyait endormi dans la couchette, ouvrit l'arrière de la remorque et en tira la petite échelle métallique servant à monter sur le toit. Puis il se dirigea vers le fond de l'aire. Un mauvais génie semble parfois guider les événements. La scène qui suivit devait être visible d'un point quelconque de la chaussée qui décrit en ces lieux une vaste courbe. Le fait est que deux motards de la police routière surgirent au moment où Pierre ayant appliqué l'échelle contre l'un des montants de la clôture commençait à monter. Rejoint, interpellé, il dut redescendre. Gaston intervint. On s'expliqua à grands gestes. L'un des motards ayant installé tout un petit matériel bureaucratique sur l'aile du véhicule se plongea dans des écritures, cependant que Gaston remettait l'échelle en place. Puis les motards s'éloignèrent sur leur monture comme deux cavaliers du destin, et le véhicule reprit la direction de Lyon.

Après un très long silence, Pierre qui conduisait parla le premier.

— Tu vois ce village, là-bas ? Chaque fois que je passe devant, je pense au mien. Avec son église écrasée et ses maisons tassées autour, il ressemble à Parlines, près du Puy-de-la-Chaux. Alors, ça, c'est vraiment le fin fond de l'Auvergne. Le pays des vaches et des bougnats. Y a seulement vingt ans, les hommes et les bêtes étaient logés dans la même pièce. Dans le fond les vaches, à gauche la soue à cochons, à droite le poulailler avec tout de même une chatière à guillotine pour laisser sortir la volaille. Près de la fenêtre, la table à manger et, de chaque côté, deux grands lits où se distribuait toute la famille. Comme ça en hiver, y avait pas un pet de chaleur qui se perdait. Mais alors l'atmosphère quand on plongeait là-dedans en venant du dehors ! A couper au couteau !

— Mais t'as pas connu ça toi, t'es trop jeune, objecta Gaston.

— Non, mais j'y suis né. C'est comme qui dirait héréditaire, et je me demande si j'en suis bien sorti quelquefois. C'est comme le sol. En terre battue. Pas question de carrelage ou de plancher. Oh alors là, pas besoin de s'essuyer les pieds en entrant ! La terre des champs qui collait après tes semelles et la terre du dedans de la maison, c'était kif-kif, ça pouvait se mélanger. C'est ça que j'apprécie surtout dans notre boulot : pouvoir travailler en mocassins à semelle souple. Pourtant y avait pas que des mauvais côtés dans notre bled. Par exemple on se chauffait et on faisait la cuisine au bois. On dira ce qu'on voudra, c'était autre chose que le gaz et l'électricité qu'on a eus plus tard quand

44

ma vieille devenue veuve s'est installée à Boullay. C'était une chaleur vivante. Et le sapin décoré au moment de Noël...

Gaston s'impatienta.

— Mais pourquoi tu me racontes tout ça ?

— Pourquoi ? Je ne sais pas, moi. Parce que j'y pense.

— Tu veux que je te dise ? Le coup de l'échelle. Tu crois que c'était pour aller bécoter la Marinette ? Pas seulement ça. C'était surtout pour sortir de l'autoroute et retourner à ton Parlines près du Puy je ne sais quoi !

— Ah zut ! Tu peux pas comprendre !

— Parce que je suis né à Pantin, je peux pas comprendre que t'as des nostalgies de cul-terreux ?

— Est-ce que je sais moi ? Tu crois que j'y comprends quelque chose moi-même ? Non, vrai, y a des moments, la vie devient trop compliquée !

— Et le samedi soir, vous allez au bal quelquefois ?

Pierre aurait préféré s'asseoir près de Marinette et rester silencieusement près d'elle, mais cette clôture, ce grillage dans lequel il accroche ses doigts créent une distance entre eux qui les oblige à se parler.

— Des fois, oui, répond Marinette évasive. Mais c'est loin. A Lusigny y a jamais de bals. Alors on va à Beaune. Mes parents aiment pas trop me laisser partir seule. Il faut que la fille des voisins m'accompagne. La Jeannette, elle est sérieuse. Avec elle ils ont confiance.

Pierre rêvait.

— Un samedi je viendrai vous chercher à Lusigny. On ira à Beaune. On emmènera la Jeannette, puisque c'est comme ça.

— Vous viendrez me prendre avec le quarante tonnes ? s'étonna Marinette réaliste.

— Eh non ! J'ai une moto, une 350.

— A trois sur une moto, ça sera pas le confort.

Il y eut un silence accablé. Pierre trouvait qu'elle y mettait bien peu de bonne volonté. Ou bien était-ce au contraire de sa part un désir de réalisation immédiate qui lui faisait voir ausssitôt des obstacles matériels ?

— Mais on peut danser ici, dit-elle tout à coup, comme si elle faisait une découverte soudaine.

Pierre ne comprenait pas.

— Ici ?

— Mais oui, j'ai mon petit transistor, dit-elle en se baissant et en ramassant le récepteur dans l'herbe haute.

— Avec ce grillage qui nous sépare ?

— Il y a des danses où on ne se touche pas. Le jerk par exemple.

Elle déclencha le récepteur. Une musique tendre et un rythme assez lent s'éleva.

— C'est un jerk, ça ? demanda Pierre.

— Non, ça serait plutôt une valse. On essaie quand même ?

Et sans attendre sa réponse, tenant le transistor à bout de bras, elle se mit à tourner sur place sous le regard médusé de Pierre.

— Alors, vous dansez aussi, non ?

D'abord gauchement, puis avec plus d'abandon, il l'imita. A une trentaine de mètres, Gaston, qui venait chercher son compagnon devenu sourd à tous les appels, s'arrêta ébahi en découvrant cette scène étrange et triste, ce garçon et cette fille rayonnant de jeunesse qui dansaient *ensemble* une valse viennoise séparés par une clôture barbelée.

Lorsqu'ils repartirent, Gaston prit le volant. Pierre tendit la main vers la radio du tableau de bord. Aussitôt la valse de Marinette se fit entendre. Pierre se laissa aller en arrière, comme emporté dans une rêverie heureuse. Il lui semblait tout à coup que le paysage qu'il voyait défiler autour de lui s'accordait merveilleusement à cette musique, comme s'il y avait eu quelque affinité profonde entre cette Bourgogne en fleurs et la Vienne impériale des Strauss. Des vieilles demeures avenantes et nobles, des vallonnements harmonieux, des prairies vert tendre se succédaient sous ses yeux.

— C'est drôle comme le paysage est beau par ici, finit-il par dire. Ça fait des dizaines de fois que je le traverse, je m'en étais jamais aperçu.

— C'est la musique qui fait cet effet-là, expliqua Gaston. C'est comme au cinéma. Une musique bien étudiée sur une scène, ça la rend tout de suite bien plus forte.

— Y a aussi le pare-brise, ajouta Pierre.

— Le pare-brise ? Qu'est-ce que tu veux dire ?

— Le pare-brise quoi, la vitre qui protège le paysage.

— Ah parce que tu crois que le pare-brise, il est fait pour protéger le paysage ?

— En un sens oui. Et alors du coup, ça le rend plus beau, le paysage. Mais je pourrais pas dire pourquoi.

Puis après un moment de réflexion, il corrigea.

— Si, je sais bien pourquoi...

— Alors vas-y. Pourquoi le pare-brise y rendrait le paysage plus beau ?

— Quand j'étais gosse, j'aimais aller à la ville pour regarder les vitrines. Surtout bien sûr la veille de Noël. Tout ce qu'il y avait dans les vitrines, c'était bien arrangé sur du velours avec des guirlandes et des branchettes de sapin. Et puis la vitre, ça interdit, ça empêche de toucher. Quand on entrait dans le magasin et quand on se faisait montrer quelque chose qu'on sortait de la vitrine, tout de suite, c'était moins bien. Ça avait perdu son charme, si tu vois ce que je veux dire. Alors ici avec le pare-brise, eh bien le paysage, il est comme en vitrine. Bien arrangé et impossible à toucher. C'est peut-être pour ça qu'il est plus beau.

— En somme, conclut Gaston, si je comprends bien, l'autoroute, c'est des belles choses, mais pour les yeux seulement. Pas la peine de s'arrêter et de tendre la main. Pas touche, défendu, bas les pattes !

Gaston se tut. Il avait envie d'ajouter quelque chose, d'aller jusqu'au bout de son idée, mais il hésitait. Il ne voulait pas trop le malmener, ce Pierrot si jeune et si maladroit. Enfin tout de même il se décida.

— Seulement voilà, dit-il à mi-voix. Y a pas que le paysage que l'autoroute y rend impossible à toucher. Y a aussi les filles. Le paysage derrière un pare-brise, les filles derrière une clôture, tout en vitrine. Pas touche, défendu, bas les pattes ! C'est ça l'autoroute !

Pierre n'avait pas bougé. Sa passivité agaça Gaston. Il éclata.

— Pas vrai Pierrot ? hurla-t-il.

Pierre sursauta et le regarda d'un air égaré.

L'ombre énorme et immobile du véhicule se dressait sur le ciel pétillant d'étoiles. Une faible lueur éclairait l'intérieur de la cabine. Gaston en tenue de nuit, mais le nez chaussé d'une paire de lunettes en acier, était plongé dans la lecture d'un roman. Pierre étendu sur la couchette s'inquiétait de cette veillée prolongée.

— Qu'est-ce que tu fais ? demanda-t-il d'une voix ensommeillée.

— Tu vois bien : je lis.

— Qu'est-ce que tu lis ?

— Quand tu me causes et quand je te cause,

je lis plus. J'arrête de lire. On peut pas tout faire à la fois. Alors avant qu'on cause, je lisais un roman. *La Vénus des sables,* ça s'appelle.

— *La Vénus des sables* ?

— Oui, *La Vénus des sables.*

— De quoi ça parle ?

— Ça se passe dans le désert. Dans le Tassili exactement. Ça doit se trouver quelque part au sud du Sahara. C'est des caravaniers. Des gars qui traversent le désert avec des chameaux chargés de marchandises.

— C'est intéressant, ça ?

— Contrairement à ce qu'on pourrait croire, ça a un certain rapport avec nous.

— Explique.

— Mes caravaniers, ils marchent toute la sainte journée dans le sable avec leurs chameaux. Ils transportent des marchandises d'un point à un autre. En somme, c'étaient les routiers de l'époque. Ou alors, c'est nous qui sommes les caravaniers d'aujourd'hui. Tu remplaces les chameaux par des poids lourds et le désert par l'autoroute, et ça devient la même chose.

— Ouais, murmura Pierre assoupi.

Mais Gaston, pris par son sujet, poursuivait.

— Et puis il y a les oasis. Les caravaniers, ils font escale dans les oasis. Là il y a des sources, des palmiers, des filles qui les attendent. C'est comme ça que le titre du roman se justifie : *La Vénus des sables.* C'est une môme épatante qui reste dans une oasis. Alors les caravaniers, ils en rêvent évidemment. Tiens, écoute un peu ça :

« *Le jeune goumier était descendu de son méhari blanc* — c'est comme qui dirait un chameau —, *de son méhari blanc et cherchait Aïcha* — c'est comme ça qu'elle s'appelle, la fille — *dans l'ombre de la palmeraie. Il ne la trouvait pas parce qu'elle se cachait près du puits, observant les efforts du jeune homme par la fente de son voile qu'elle avait rabattu sur son visage. Enfin il l'aperçut et reconnut sa silhouette indistincte à travers les branches d'un tamaris rose. Elle se leva en le voyant approcher, car il ne convient pas qu'une femme parle assise à un homme.* Tu vois, dans ces pays, on a gardé le sens de la hiérarchie.

« *Aïcha, lui dit-il, j'ai cheminé huit jours dans les pierres du Tassili, mais chaque fois que mes yeux se fermaient sous la brûlure du soleil, c'était ton tendre visage qui m'apparaissait. Aïcha, fleur de Sahel, as-tu pensé à moi une seule fois pendant tout ce temps ?*

« *La jeune fille découvrit le regard mauve de ses yeux sombres et l'éclat blanc de son sourire.*

« *Ahmed, fils de Dahmani, dit-elle, tu affirmes cela ce soir. Mais dès les premières lueurs du jour, tu feras lever ton méhari blanc et tu t'éloigneras vers le nord sans te retourner. En vérité, je crois que tu aimes mieux ton chameau et ton désert que moi !* »

« Hein qu'est-ce que tu dis de ça ? »

Pierre se retourna dans la couchette. Gaston entendit un gémissement où il crut distinguer un prénom : « Marinette ! »

On approchait de l'aire du Muguet, Pierre était au volant. Gaston sommeillait derrière lui dans la couchette.

Le véhicule s'engagea dans la dérivation et stoppa.

— Je descends un brin, expliqua Pierre.

— Je bouge pas, fut la réponse qui monta de la couchette.

Pierre s'avança sous les arbres. Le temps gris avait éteint les couleurs et les chants des oiseaux. Il y avait dans l'air comme une attente désabusée, morose, presque menaçante. Pierre atteignit la clôture. Il n'aperçut ni vaches ni bergère. Il resta un moment déçu, les doigts accrochés dans le grillage. Appeler ? Ça n'en valait pas la peine. Visiblement il n'y avait personne, et c'était pour cela que le charme était rompu. Soudain, comme sous le coup d'une brusque décision, Pierre fit demi-tour et revint à grands pas vers le véhicule. Il reprit sa place et démarra.

— T'as pas traîné pour un coup, commenta la couchette.

Le véhicule prit la déviation d'entrée à vive allure et déboucha sans égards sur la voie autoroutière. Une Porsche qui arrivait en météore dévia d'un coup de volant à gauche avec des appels de phare indignés. Écrasant le champignon, passant les vitesses en virtuose, Pierre fait donner le maximum au semi, malheureusement chargé à pleins bords. Survient la rocade de sortie vers Beaune. Le véhicule s'y engage en tempête. La tête ahurie de Gaston, coiffée de son passe-montagne, surgit derrière les sièges.

— Mais qu'est-ce que tu fous ? T'es devenu dingue ?

— Lusigny, Lusigny-sur-Ouche, prononce Pierre les dents serrées. Faut que j'y aille.

— Mais tu sais ce que ça va nous coûter ? Tu t'en fous, toi. A quelle heure on va être à Lyon ce soir ? Après le coup de l'échelle, tu crois que tu peux encore faire le mariole ?

— Juste un crochet, quoi ! Je te demande une demi-heure.

— Une demi-heure ! Tu parles !

Le véhicule stoppe devant le guichet du péagiste. Pierre lui tend sa carte.

— Lusigny, Lusigny-sur-Ouche ? Tu sais où ça perche ?

L'homme fait un geste vague et répond par quelques mots inintelligibles.

— Quoi ?

Nouveau geste encore plus vague accompagné de sons obscurs.

— Bon, ça va ! conclut Pierre en démarrant.

— En somme, lui dit Gaston, tu sais pas où tu vas ?

— Lusigny. Lusigny-sur-Ouche. C'est clair, non ? A cinq cents mètres, a dit Marinette.

Le véhicule roule un moment et s'arrête au niveau d'une petite vieille qui tient un parapluie d'une main, un panier de l'autre. Prise de peur, elle s'écarte précipitamment.

— Madame, s'il vous plaît, pour aller à Lusigny ?

Elle se rapproche et cale son parapluie sous son bras pour pouvoir mettre sa main en éventail derrière son oreille.

— Pour aller à l'usine ? Quelle usine vous voulez dire ?

— Non, Lusigny, Lusigny-sur-Ouche.

— Des provisions de bouche ? Mais faut aller chez l'épicier !

Gaston croit devoir intervenir et, se penchant par-dessus l'épaule de Pierre, il prononce posément :

— Non, madame. Nous cherchons Lusigny. Lusigny-sur-Ouche.

La vieille ricane.

— Louche ? Ah oui, c'est louche tout ça, c'est bien louche !

— Merde ! grommelle Pierre en embrayant.

Le semi roule un petit kilomètre à faible vitesse, puis il ralentit encore lorsqu'un homme poussant une vache devant lui s'encadre dans la fenêtre de Gaston. Celui-ci l'interroge aussitôt. Sans s'arrêter, sans un mot, l'homme fait du bras un geste vers la droite.

— Faut tourner à droite, dit Gaston.

Le lourd semi s'engage péniblement dans une petite départementale. Survient un jeune

garçon assis sur un gros cheval de labour avec un sac à pommes de terre en guise de selle.

— Dis donc, mon gars, Lusigny, Lusigny-sur-Ouche ? Tu connais ?

Le garçon le regarde d'un air stupide.

— Ben quoi ? Tu connais, oui ou non ? Lusigny ?

Il y a encore un silence. Puis le cheval tend le cou, découvre un râtelier énorme et jaune, et fait éclater un hennissement rigolard. Aussitôt le jeune garçon, comme entraîné par la contagion, éclate d'un rire dément.

— Laisse tomber, conseille Gaston. Tu vois bien que c'est un demeuré !

— Mais qu'est-ce que c'est que ce bled pourri ! éclate Pierre. Ils le font exprès, non ?

On arrive à un croisement de la route avec un chemin vicinal. Il y a un poteau indicateur, mais la plaque a disparu. Pierre saute sur le talus et inspecte les herbes autour du poteau. Il finit par trouver une plaque de fonte verdie comportant plusieurs noms de villages dont celui de Lusigny.

— Tiens ! Tu vois ? Lusigny, trois kilomètres ! triomphe-t-il.

— Oui, mais on t'avait dit cinq cents mètres, rappelle Gaston.

— Ça prouve qu'on s'est fichus dedans !

Le véhicule s'ébranle et braque dans le chemin vicinal.

— Mais tu vas pas nous embarquer là-dedans ! s'exclame Gaston.

— Mais si, pourquoi ? Regarde, ça va tout seul.

Le véhicule progresse en oscillant comme un navire. Des branches raclent ses flancs, d'autres balaient le pare-brise.

— On n'est pas sortis de l'auberge, gémit Gaston.

— Ça porte malheur d'être défaitiste.

— Des fois, c'est simplement de la prévoyance. Tiens ! Regarde ce qui nous arrive devant !

Débouchant d'un tournant, on voit en effet surgir un tracteur tirant une charrette qui obstrue toute la largeur du chemin. Arrêt général. Pierre descend et échange quelques mots avec l'homme du tracteur. Puis il reprend place près de Gaston.

— Il dit qu'on peut se croiser un peu plus loin. Il va reculer.

Une manœuvre délicate commence. Le semi progresse au pas, chassant devant lui le tracteur gêné par sa charrette. On arrive en effet à un élargissement assez médiocre du chemin. Le semi serre à droite autant qu'il est possible sans imprudence. Le tracteur entreprend de le croiser. La charrette ne passe pas. Le semi recule de quelques mètres, puis avance à nouveau en braquant à droite. La voie est dégagée pour la charrette, mais la masse du véhicule penche dangereusement à droite. Pierre donne les gaz. Le moteur rugit inutilement. Les roues droites s'enfoncent dans l'herbe et la terre molle.

— Ça y est ! On est coincés, constate Gaston avec une sombre satisfaction.

— T'en fais pas, j'ai tout prévu.

— T'as tout prévu ?

— Ben oui, quoi, on a bien un tracteur ? Il va nous tirer de là !

Pierre descend, et Gaston le voit parlementer avec l'homme du tracteur. Celui-ci fait un geste de refus. Pierre sort son portefeuille. Nouveau refus. Finalement le tracteur s'ébranle, et la charrette achève de croiser le semi. Gaston saute à terre et court rattraper le tracteur.

— Dites donc, on va à Lusigny. Lusigny-sur-Ouche. Vous savez où c'est ?

D'un geste, le conducteur indiqua la direction dans laquelle il se dirigeait lui-même. Accablé, Gaston rejoignit Pierre qui fouillait le fond de la cabinc à la recherche d'un câble.

— Bonne nouvelle, lui dit-il. Va falloir faire demi-tour.

Mais on n'en était pas encore là. Pierre ayant déroulé le câble se glissa sous la calandre pour le fixer au treuil. Puis il partit un peu à l'aventure avec l'autre bout du câble à la recherche d'un point d'amarrage. Il hésita devant un arbre, puis un autre, et se décida finalement pour un crucifix ancien qui se dressait à la croisée d'un chemin de terre. Il entoura la base du socle avec le câble et regagna la cabine. Le moteur du treuil ronronna et on vit le câble lentement ramené se tordre sur les pierres de la chaussée, puis se tendre et vibrer. Pierre stoppa comme pour se recueillir avant l'effort. Puis il déclencha à nouveau le treuil en s'arc-boutant sur le volant, comme pour participer à l'effort qui allait sortir les quarante tonnes du véhicule de l'ornière. Gaston suivait l'opération légèrement en arrière de la cabine. Il savait qu'un câble d'acier qui casse peut faucher d'un coup de fouet meurtrier les deux jambes d'un homme malencontreusement placé. Le véhicule s'ébranla, puis s'arracha très lentement à la terre molle. Pierre, les yeux fixés au sol, mesurait les progrès du véhicule mètre par mètre. Ce fut Gaston qui vit le premier le crucifix accuser une gîte inquiétante, puis s'abattre brusquement dans l'herbe au moment où les quatre roues de la remorque mordaient enfin sur la chaussée.

— Le crucifix ! T'as vu ce que t'as fait ?

Pierre heureux d'être tiré d'affaire haussa les épaules.

— Tu vas voir qu'on va finir en prison, insista Gaston.

— Si l'autre minable avait bien voulu nous aider avec son tracteur, ça serait pas arrivé !

— T'expliqueras ça aux gendarmes !

Le véhicule a repris sa progression cahotante sur la voie irrégulière.

— C'est bien joli, la campagne, mais oublie tout de même pas qu'il faut faire demi-tour.

— On va bien arriver quelque part quand même.

Ils débouchent en effet un kilomètre plus

loin sur la place d'un petit bourg. Il y a une épicerie-buvette, un droguiste, des rangées de tubes rouillés supportant les bâches roulées d'un marché absent, et, dans le fond, un monument aux morts figurant un poilu qui monte à l'assaut baïonnette au canon, le godillot posé sur un casque à pointe. Pour faire manœuvrer le véhicule, ce n'est pas idéal, mais il n'y a guère le choix. Gaston descend pour diriger les opérations. Il faut profiter d'une ruelle en pente pour y engager l'avant du tracteur, et ensuite reculer en braquant à gauche. L'ennui, c'est que la ruelle ne se présente plus ensuite pour donner de l'ampleur aux mouvements du véhicule. Il faut essayer de reculer le plus loin possible, jusqu'à la limite du monument aux morts.

Gaston court de l'arrière de la remorque à la fenêtre de la cabine pour guider les manœuvres de Pierre.

— En avant toutes !... Encore... Stop... Braque à droite maintenant... En arrière... Stop... Braque à gauche... En avant...

C'est vraiment évoluer dans un mouchoir de poche. L'absence de passants ou d'habitants accentue encore le malaise que les deux hommes éprouvent depuis le début de leur équipée. Dans quel pays se sont-ils donc aventurés ? Est-ce qu'on finira par en sortir ?

Le plus difficile reste à faire, car si le pare-chocs du tracteur frôle la vitrine du droguiste, l'arrière de la remorque menace directement maintenant le monument aux morts. Mais

Gaston a l'œil. Il crie, court, se démène. Brave Gaston, lui qui a en horreur de l'imprévu et des efforts gaspillés, c'est vraiment sa fête aujourd'hui !

Le véhicule ne peut avancer d'un centimètre de plus qu'en crevant la devanture où s'étalent pâtes pectorales, tisanes et ceintures rhumastimales. Pierre braque à fond et commence à reculer. Il a le sentiment vague que Gaston, trop prudent, lui fait perdre à chaque manœuvre de précieux centimètres. Celui-là, il faut toujours un peu le violer ! Il recule. La voix de Gaston lui parvient, lointaine mais distincte.

— Vas-y ! Doucement. Encore. Encore. Doucement. Stop, c'est bon.

Mais Pierre est persuadé qu'il y a encore un bon mètre à prendre. Ce rabiot peut éviter une manœuvre supplémentaire. Il continue donc à reculer. La voix de Gaston s'affole.

— Stop ! Arrête ! Mais arrête-toi, bon Dieu !

Il y a un raclement, puis un choc sourd. Pierre stoppe enfin et saute à terre.

Le poilu qui tenait sa baïonnette à deux mains n'a plus ni baïonnette, ni mains, ni bras. Il s'est vaillamment défendu pourtant, car la tôle de la remorque accuse une vaste éraflure. Gaston se baisse et ramasse quelques débris de bronze.

— Le voilà manchot à cette heure, constate Pierre. Après tout, un grand invalide de guerre, c'est pas si mal non ?

Gaston hausse les épaules.

— Cette fois, faut aller à la gendarmerie. On peut pas y couper. Et ton foutu patelin sur Ouche, c'est bien terminé pour aujourd'hui !

Les formalités les retinrent près de deux heures, et la nuit était tombée quand ils sortirent de la gendarmerie. Gaston avait noté que Pierre — sombre, résolu, comme possédé par une colère rentrée — n'avait même pas demandé aux gendarmes la direction de Lusigny. Que faisaient-ils, perdus dans ce bourg avec leur quarante tonnes ? A cette question du procès-verbal, ils avaient invoqué une pièce urgente à remplacer, un garage qu'on leur avait signalé, des malentendus en cascade.

Il n'était plus maintenant que de regagner l'autoroute. Gaston prit le volant. Pierre s'enfermait toujours dans un silence orageux. Ils avaient parcouru deux kilomètres environ quand une pétarade couvrit le bruit du moteur.

— Qu'est-ce que c'est encore ? s'inquiéta Gaston.

— Rien, grogna Pierre. Ça vient pas du moteur.

Ils continuèrent jusqu'au moment où une lueur blafarde, aveuglante, barra la route. Gaston stoppa.

— Attends, dit Pierre, je vais voir.

Il sauta de la cabine. Ce n'était qu'un feu de Bengale qui achevait de se consumer sur la chaussée. Pierre allait remonter à sa place quand éclata une fanfare sauvage et grotesque, tandis qu'une bande de danseurs masqués l'entouraient en brandissant des torches. Certains avaient des mirlitons, d'autres des trompettes. Pierre se débat, veut sortir de cette ronde burlesque. On l'inonde de confettis, un Pierrot l'enroule dans des serpentins, un masque de cochon rose lui projette à la figure une langue de papier.

— Ah, mais finissez, sales cons !

Un pétard explose sous ses pieds. Pierre a empoigné le cochon rose par ses revers, il le secoue furieusement, il lui écrase son poing sur le groin, lequel plie et se cabosse sous le choc. Les autres viennent à la rescousse. Pierre tombe sur un croc-en-jambe. C'est alors que Gaston dégringole de la cabine avec une torche électrique. Il hurle.

— C'est fini, bande d'abrutis ! On n'est pas ici pour rigoler, nous. On connaît vos gendarmes, vous savez. On va les appeler !

Le tumulte se calme. Les gars retirent leurs masques et découvrent des faces hilares de jeunes ruraux endimanchés. Ils ont tous à leur revers la cocarde tricolore et le flot de rubans des jeunes conscrits.

— Ben quoi ? On est bons pour le service, alors on rigole ! C'est comme ça !

— Et pis d'abord qu'est-ce que vous foutez à cette heure avec ce bahut ? Vous déménagez ?

Ils se touchent la tempe avec des hurlements de rire.

— Oui, c'est ça, ils déménagent !

Pierre se frotte les reins. Gaston se hâte de le pousser vers le véhicule et de le hisser dans la cabine avant que les choses ne recommencent à se gâter.

Sur l'autoroute, tout en conduisant, il surveille du coin de l'œil le visage durci, le profil buté de son compagnon, haché par les lueurs rares et brutales de la circulation.

— Tu sais, ton Lusigny, finit-il par prononcer. Eh bien, j'en arrive à me demander si ça existe. Ou si ta Marinette, elle s'est pas foutue de toi.

— Que Lusigny existe pas, c'est bien possible, répond Pierre après un silence. Mais Marinette s'est pas foutue de moi, non.

— Alors si elle s'est pas foutue de toi, explique-moi pourquoi elle t'a donné le nom d'un village qu'existe pas ?

Il y eut encore un silence, et Gaston dut entendre cette réponse qui le médusa :

— C'est peut-être que la Marinette, elle existe pas, elle non plus. Alors une fille qu'existe pas, c'est normal que ça habite un village qu'existe pas, non ?

Il faisait grand jour le lendemain quand le véhicule remontant sur Paris approcha du niveau de l'aire du Muguet. C'était Pierre qui tenait le volant. Il avait toujours son air sombre de la veille et ne sortait de son silence que pour grommeler des injures. Gaston, tassé dans son coin, l'observait avec inquiétude. Une voiture de tourisme les doubla et se rabattit sur la droite un peu trop vite. Pierre éclata.

— Ah tiens ! Ces touristes ! Quelle sale denrée sur les routes ! Ensuite les accidents, c'est toujours la faute aux routiers ! Ils n'ont qu'à prendre le train pour aller s'amuser en vacances !

Gaston détourna la tête. Une 2 CV entreprit laborieusement de les doubler à son tour.

— Même les deux pattes qui s'y mettent ! Et conduite par une femme en plus. Mais si elle va moins vite que nous, pourquoi elle veut absolument passer devant ?

A la grande surprise de Gaston, Pierre ralentit néanmoins, et la 2 CV doubla sans plus de difficulté. Au passage, la conductrice leur fit un petit signe de remerciement.

— T'es bien gentil, observa Gaston, comme Pierre continuait à ralentir, mais après l'équipée d'hier, on n'a plus de temps à perdre.

C'est alors qu'il s'aperçut que Pierre continuant à ralentir déclenchait le clignotant droit et se dirigeait vers le bas-côté de l'autoroute. Il comprit en apercevant l'aire du Muguet de l'autre côté de la chaussée.

— Ah non, merde ! Tu vas pas recommencer !

Sans un mot, Pierre saute de la cabine. Ce sera très difficile de traverser les deux voies où déferle une circulation intense et rapide dans l'un et l'autre sens. Visiblement, Pierre n'en a cure. On dirait qu'il est devenu aveugle.

— Pierre, mais t'es devenu fou ! Attention, bon Dieu !

Pierre a été évité de justesse par une Mercedes qui proteste en faisant hurler son avertisseur. Il reprend son élan et atteint les rampes de séparation. Il les saute et s'élance sur la voie Paris-Province. Un poids lourd le frôle et l'oblige à s'arrêter. Il repart d'un bond désespéré pour échapper à une DS. Encore un bond. Un choc le fait tournoyer, un autre choc l'envoie au sol, mais avant qu'il touche terre, il est projeté en l'air par un terrible coup de boutoir. « On aurait dit que les véhicules jouaient au ballon avec lui », expliquera Gaston plus tard. Il y a des miaulements de pneus, des coups d'avertisseur. Un bouchon se forme.

Gaston est le premier auprès de Pierre. Aidé par trois automobilistes, il le ramène près de leur véhicule. La tête de Pierre ensanglantée roule inerte d'un côté et de l'autre. Gaston l'immobilise de ses deux mains. Il le regarde dans les yeux avec une tendresse navrée. Alors les lèvres de Pierre remuent. Il veut dire quelque chose. Il balbutie. Puis lentement, les mots s'ordonnent.

— L'autoroute... murmure-t-il. L'autoroute... Tu vois, Gaston, quand on en est de l'autoroute... faut pas chercher à en sortir.

Plus tard, le semi-remorque conduit par

Gaston reprend la route. Il est précédé par une ambulance que casque une lueur tournoyante. Bientôt l'ambulance serre à droite et s'engage dans la sortie de Beaune. Le véhicule la double et poursuit sur Paris. L'ambulance ralentit dans la rampe et passe devant un panneau sur lequel Pierre inconscient ne peut lire : *Lusigny-sur-Ouche 0,5 km.*

folio junior

La première collection de poche
illustrée pour la jeunesse
Plus de 500 titres disponibles

Doyle, Arthur Conan
Le chien de Baskerville

Fallet, René
Bulle ou la voix de l'océan

Faulkner, William
L'arbre aux souhaits

Fon Eisen, Anthony
Le prince d'Omeyya

Forsyth, Frederick
Le berger

Fournel, Paul
Un rocker de trop

Frémion, Yves
Tongre

Frère, Maud
Vacances secrètes

Gamarra, Pierre
Six colonnes à la une

Garfield, Léon
Le fantôme de l'apothicaire

Garrel, Nadine
Au pays du grand condor
Les princes de l'exil

Gautier, Théophile
Le roman de la momie

Gilbreth, Ernestine et Frank
Treize à la douzaine

Giono, Aline
**Mon père, contes des jours
ordinaires**

Golding, William
Sa Majesté des Mouches

Gordon, Donald
Alerte à Mach 3

Grimm
Hans-mon-hérisson
et autres contes
Les trois plumes
et autres contes

Gripari, Pierre
**La sorcière de la rue
Mouffetard**
*et autres contes de la rue
Broca*
Le gentil petit diable
*et autres contes de la rue
Broca*

Halévy, Dominique
L'enfant et l'étoile

Hatano, Isoko et Ichiro
L'enfant d'Hiroshima

Hemingway, Ernest
Le vieil homme et la mer

Hickok, Lorena A.
L'histoire d'Helen Keller

Hines, Barry
Kes

Howker, Janni
Le blaireau sur la péniche

Jacob, Max
**Histoire du roi Kaboul Ier
et du marmiton Gauwain**

Sand, George
Histoire du véritable Gribouille

Saussure, Éric de
Les oiseaux d'Irlenuit

Scott, Walter
Ivanhoé / I
Ivanhoé / II

Ségur, comtesse de
François le bossu
Jean qui grogne et Jean qui rit
L'auberge de l'Ange Gardien
Le général Dourakine
Le mauvais génie
Les bons enfants
Les deux nigauds
Les malheurs de Sophie
Les petites filles modèles
Les vacances
Mémoires d'un âne
Nouveaux contes de fées
Un bon petit diable

Sempé, Jean-Jacques
Marcellin Caillou

Sempé / Goscinny
Joachim a des ennuis
Le petit Nicolas et les copains
Les récrés du petit Nicolas
Les vacances du petit Nicolas

Séverin, Jean
Le soleil d'Olympie

Shahar, David
Riki, un enfant à Jérusalem

Shelley, Mary
Frankenstein

Solet, Bertrand
Les révoltés de Saint-Domingue

Stahl, P.J.
Les aventures de Tom Pouce

Steig, William
Dominic
L'île d'Abel
Le vrai voleur

Steinbeck, John
Le poney rouge

Stevenson, Robert Louis
L'étrange cas du Dr Jekyll et de M. Hyde
L'île au trésor
Le diable dans la bouteille

Sue, Eugène
Kernok le pirate

Swift, Jonathan
Voyage à Lilliput

Tanase, Virgil
Le bal sur la goélette du pirate aveugle

Thompson, Kay
Éloïse

Thurber, James
La dernière fleur

Tournier, Michel
L'aire du muguet
Les Rois Mages
Sept contes
Vendredi ou la vie sauvage

*Achevé d'imprimer
le 6 Novembre 1992
sur les presses de
l'Imprimerie Hérissey
à Évreux (Eure)*

*N° d'imprimeur : 59757
Dépôt légal : Novembre 1992
1er dépôt légal dans la même collection : Septembre 1982
ISBN 2-07-033240-3*

Imprimé en France

58243